BEI GRIN MACHT SICH IHR WISSEN BEZAHLT

AF145162

- Wir veröffentlichen Ihre Hausarbeit,
  Bachelor- und Masterarbeit

- Ihr eigenes eBook und Buch -
  weltweit in allen wichtigen Shops

- Verdienen Sie an jedem Verkauf

Jetzt bei www.GRIN.com hochladen
und kostenlos publizieren

Bibliografische Information der Deutschen Nationalbibliothek:

Die Deutsche Bibliothek verzeichnet diese Publikation in der Deutschen National-
bibliografie; detaillierte bibliografische Daten sind im Internet über http://dnb.d-
nb.de/ abrufbar.

Impressum:

Copyright © 2017 GRIN Verlag
Druck und Bindung: Books on Demand GmbH, Norderstedt Germany
ISBN: 9783668503090

Dieses Buch bei GRIN:

https://www.grin.com/document/366544

Nadine Loibl

Automatisierte Windows 10-Installation mit der Baramundi Management Suite

GRIN Verlag

Abschlussprüfung Winter 2016

Fachinformatiker für Systemintegration

Dokumentation zur betrieblichen Projektarbeit

AUTOMATISCHE WINDOWS 10 INSTALLATION
MITHILFE DER BARAMUNDI MANAGEMENT SUITE

Abgabetermin: 13.12.2016

INHALTSVERZEICHNIS	SEITE

TABELLENVERZEICHNIS

ABKÜRZUNGSVERZEICHNIS

OS   Operating System

DIP   Distribution Installation Point

XML   Extensible Markup Language

WIM   Windows Imaging Format

WADK   Windows Assessment and Deployment Kit

BMS   Baramundi Management Suite

EXE   Executable

MSI   Microsoft Software Installation

MSP   Mail Submission Program

BDS   Baramundi Deploy-Skript

OSD   Open Software Description File

OAT   Office Anpassungstool (Microsoft)

SW   Software

BAT   Batch

PXE   Preboot Execution Environment

WSUS   Windows Server Update Services

1. EINLEITUNG

In der vorliegenden Projektdokumentation wird der Ablauf des IHK-Abschlussprojektes, welches der Prüfling im Rahmen seiner Ausbildung zum Fachinformatiker mit Fachrichtung Systemintegration erarbeitet hat. Ausbildungsbetrieb ist die Schiller Gruppe mit den Firmen Schiller Automatisierungstechnik GmbH, Schiller Engineering & Maschinenbau GmbH und Schiller Industrial Automation (Shenyang) Co. Ltd.[1] ein führendes Unternehmen im Bereich der Entwicklung und Fertigung von Automatisierungstechnik, Lagertechnik & Logistik und Reinraumtechnik. Derzeit beschäftigt die Schiller Gruppe 165 Mitarbeiter[2].

1.1 PROJEKTUMFELD

Auftraggeber des Projektes ist die Schiller Gruppe. Auslöser des Projektes ist die EDV-Abteilung und Nutzer sind die Mitarbeiter der benannten Firma.

Die Aufgaben in der EDV Abteilung sind sehr umfangreich. An oberster Stelle steht die Verwaltung der IT-Infrastruktur der Firma, diese ggf. auch zu erweitern und zu warten. Auch beschäftigt sie sich mit der Beschaffung, Wartung und Reparatur von Hard- und Software. Außerdem gehören auch die Unterstützung der User bei Problemen und die Gewährleistung der Datensicherung von beispielsweise der Serverlandschaft zur täglichen Arbeit.

1.2 PROJEKTZIEL

Ziel des Projektes ist es, eine Möglichkeit zu finden, den Prozess der manuellen, einzelnen Umstellung vom Betriebssystem Windows 7 auf Windows 10 bei jedem Client zu ersetzen. Außerdem soll eine Datensicherung der Daten des Users erfolgen und eine automatische Lizenzierung gewährleistet werden. Zusätzlich ist die Installation der, von der Firma festgelegten, Standardsoftware und abteilungsspezifischen Software zu ermöglichen. Auch eine individuelle Softwareanpassung und die strikte Einhaltung der IT-Sicherheitsrichtlinien muss erfüllt werden.

1.3 PROJEKTBEGRÜNDUNG

Das aktuelle Hauptproblem bei der Handhabung der Betriebssysteminstallation bzw. des Upgrades auf ein aktuelleres Betriebssystem ist das hohe Maß an manueller Arbeit, durch die ein hoher Zeitaufwand entsteht. Diese wertvolle Arbeitszeit könnte effektiver verwendet werden. Nicht nur der hohe Zeitaufwand und somit Kostenaufwand sind von wichtiger Bedeutung, auch die Fehleranfälligkeit ist bei einer manuellen Installation sehr hoch. Solche Fehler können beispielsweise zu einem mangelhaftem System oder Performanceproblemen führen.

---

[1] Entwicklung des Unternehmens, vgl. Firmengeschichte [1985-2016, S.11]

[2] Kennzahl des Jahres 2016, vgl. Schiller Gruppe [2016, S. 11]

2. PROJEKTPLANUNG

Im folgenden Kapitel soll die notwendige Zeit, die benötigten Ressourcen sowie ein Ablauf der Durchführung des Projektes geplant werden.

2.1 PROJEKTPHASEN

Für die Umsetzung des Projektes standen 35 Stunden zur Verfügung. Diese wurden vor Projektbeginn auf einzelne Phasen verteilt, die während des Projektes durchlaufen werden. Eine grobe Zeitplanung sowie die jeweiligen Hauptphasen lassen sich der Tabelle 1: Grobe Zeitplanung entnehmen. Außerdem können die einzelnen Hauptphasen noch in kleinere Unterphasen unterteilt werden. Eine detaillierte Übersicht dieser Phasen befindet sich im Anhang A.1: Detaillierte Zeitplanung auf Seite i.

Nr.	Vorgang	Dauer
1	Ist-/Soll-Analyse & Planung	3 h
2	Umsetzung	16 h
3	Testphase	8.5 h
4	Fazit	0.5 h
5	Ausarbeitung der Projektdokumentation	7 h
	Gesamt:	**35 h**

Tabelle 1: Grobe Zeitplanung

2.2 RESSOURCENPLANUNG

In der Übersicht, welche sich im Anhang A.2: Verwendete Ressourcen auf Seite i befindet, sind alle Ressourcen aufgelistet, die für das Projekt eingesetzt wurden. Damit sind sowohl Hard- und Softwareressourcen, als auch das Personal aufgeführt. Bei der Auswahl der verwendeten Software wurde darauf geachtet, dass die zusätzlichen Kosten, wie Anschaffung, Wartung und Schulung gering gehalten werden, oder die Schiller Gruppe bereits Lizenzen für diese besitzt. Dadurch wurden anfallende Projektkosten möglichst gering gehalten.

3. ANALYSEPHASE

Nach der Projektplanung kann das Projekt analysiert werden. Dies dient der Ermittlung des Ist-Zustandes. Hierbei wird vor allem auch der wirtschaftliche Aspekt des Projektes aufgenommen.

3.1 IST-ANALYSE

Die Anzahl an Arbeitsrechnern in der Schiller Gruppe umfasst 150 Stück, welche sich allgemein aus 3 Produkttypen zusammensetzen. Dies sind Fujitsu Celsius Workstations, Anhang A.3: Datenblatt Fujitsu Celsius Workstation[3] auf Seite ii, in der mechanischen Konstruktion, Industrie-Notebooks, Anhang A.4: Datenblatt Simatic Field PG[4] auf Seite iii, in der Softwareentwicklung und in den restlichen Bereichen Dell Precision Notebooks, Anhang A.5: Datenblatt Dell Precision[5] auf Seite iv. Der Großteil der 150 Rechner ist mit Windows 7 Professional installiert.

Jede Neuinstallation und Aktualisierung der Betriebssysteme der Clients erfolgt derzeit manuell und somit auch die Installation der erforderlichen Gerätetreiber.

Die Mitarbeiter sind dazu aufgefordert regelmäßig ein Backup ihres Systems zu erstellen, trotzdem muss bei beispielsweise einer Neuinstallation vorher eine manuelle Datensicherung durch den IT-Administrator erfolgen, um Datenverlust zu verhindern.

3.2 WIRTSCHAFTLICHKEITSANALYSE

Aufgrund der Probleme des momentanen Prozesses beim Neuinstallieren und Upgraden eines Betriebssystems, welche im Abschnitt 1.4 (Projektbegründung) erläutert wurden, ist die Realisierung einer automatisierten Installation erforderlich. Ob das Projekt auch aus wirtschaftlichen Gesichtspunkten gerechtfertigt ist, soll in den folgenden Abschnitten geklärt werden.

3.2.1 „MAKE OR BUY" - ENTSCHEIDUNG

Da es sich bei den Anforderungen, welche bereits im Abschnitt 1.2 (Projektziel) aufgeführt wurden, um unternehmensspezifische Aspekte handelt ist eine vollständige Lösung durch ein gekauftes Produkt nicht möglich. Somit muss eine Lösung durch die Schiller Gruppe selbst realisiert werden. Ein Teil des Systems wurde mit der Software Baramundi Management Suite realisiert. Diese Lösung ist im Vergleich zu ähnlichen Automatisierungssystemen mit etwas höheren Anschaffungskosten versehen, allerdings kann die Wirtschaftlichkeit und der daraus gezogene Nutzen für das Unternehmen an aussagekräftigen Aspekten belegt werden. Hierfür wurde eine Gegenüberstellung, welche im Anhang A.6: Gegenüberstellung Automatisierungssoftware auf Seite v zu finden ist, verschiedener Anbieter für Automatisierungssoftware erstellt.

---

[3] Auszug der Produktbeschreibung, vgl. Fujitsu Celsius M740 [2016, S.11]

[4] Auszug der Produktbeschreibung, vgl. Simatic Field PG M4 [2015, S. 11]

[5] Auszug der Produktbeschreibung, vgl. Dell Precision M4600 [S. 11]

© Nadine Loibl

3.2.2 PROJEKTKOSTEN

Die Kosten, die während der Durchführung des Projektes anfallen, werden im Folgenden kalkuliert. Da die genauen Personalkosten nicht herausgegeben werden dürfen, wird die Kalkulation mit Stundensätzen durchgeführt, welche von der Personalabteilung der Schiller Gruppe festgelegt wurden. Der Stundensatz eines Mitarbeiters beträgt demzufolge 25 €, der eines Auszubildenden 10 €. Die Ressourcennutzung umfasst einen Testserver und einen Büroarbeitsplatz inklusive Hardware- und Softwarenutzung sowie Gemeinkosten für beispielsweise Strom. Hierfür wurde ebenfalls ein von der Personalabteilung festgelegter pauschaler Stundensatz von 15 € verwendet. Die Kosten, die für die einzelnen Vorgänge des Projekts anfallen, sowie die gesamten Projektkosten lassen sich der Tabelle 2: Kostenaufstellung entnehmen.

Vorgang	Stück	Mitarbeiter	Zeit	Personal	Ressourcen	Lizenzen	Gesamt
Planung, Umsetzung, Test	1	Auszubildender	35h	350,00 €	-	-	350,00 €
Arbeitsplatz für Durchführung & Server für Testumgebung	1	-	35h	-	525,00 €		525,00 €
Lizenz für OS-Install[6]	150	-	-	-	-	24,00 €	3.600,00 €
Unterstützung durch Kollegen	1	Mitarbeiter	3h	75,00 €	-	-	75,00 €
				Gesamtkosten Projekt ohne Win10 Lizenz:			4.550,00 €
Windows 10 Lizenz	150	-	-	-	-	110,00 €	16.500,00 €
				Gesamtkosten Projekt mit Win10 Lizenz:			21.050,00 €

Tabelle 2: Kostenaufstellung

Die Gesamtkosten des Projektes wurden einmal mit den Kosten für die Windows 10 Lizenz berechnet und einmal ohne, da durch die Durchführung des Projektes keine zusätzlichen Kosten für die Lizenzen anfallen, da diese auch bei einer manuellen Installation anfallen würden.

3.2.3 AMORTISATIONSRECHNUNG

Nachfolgend wird ermittelt, ab welcher Anzahl an Clients sich die Automatisierung der Betriebssysteminstallation amortisiert hat. Durch die komplette OS-Installation inklusive Datensicherung, Partitionierung, OS-Upgrade auf Windows 10, Treiberintegration, individuelle Softwarepaket-Verteilung und der Wiederherstellung des vorherigen Datenbestandes des Users kann ein hoher Zeit- und somit Kostenaufwand ersetzt werden.

In der Tabelle 3: Amortisationsrechnung lässt sich entnehmen, ab welcher Stückzahl sich der Einsatz von Baramundi amortisiert und eine manuelle Installation mit höheren Kosten verbunden wäre.

---

[6]Die Clientverwaltung selbst von Baramundi ist im Unternehmen bereits lizenziert, somit sind nur die zusätzlichen Lizenzen für OS-Install notwendig

© **Nadine Loibl** 4

4 Umsetzung

Anzahl	Automatisiert = Projektkosten	Manuell = Stundenlohn x 7 Stunden Installationsdauer x Clientanzahl
1	4.550,00 €	70,00 €
2	4.550,00 €	140,00 €
3	4.550,00 €	210,00 €
4	4.550,00 €	280,00 €
...	...	...
64	4.550,00 €	4.480,00 €
65	4.550,00 €	4.550,00 €
66	4.550,00 €	4.620,00 €
67	4.550,00 €	4.690,00 €
68	4.550,00 €	4.760,00 €

Tabelle 3: Amortisationsrechnung

Aus der obigen Tabelle wird deutlich, dass sich die Automatisierung der Betriebssysteminstallation ab einer Stückzahl von 66 lohnt. Ab dem 66 Client sind die Kosten für die manuelle Installation höher als die Anschaffungskosten einer Automatisierung.

4. UMSETZUNG

4.1 ERSTELLUNG DER DATENSICHERUNG

Jeder Mitarbeiter der Firma Schiller ist aufgefordert regelmäßig eine Sicherung seiner Daten mittels eines Backups durch die Software Acronis durchzuführen.

Außerdem sollen die Mitarbeiter bei einem bevorstehenden Betriebssystemupgrade auf Windows 10 auf ihrem Gerät sämtliche Daten am Vortag zu sichern.

Da nicht davon ausgegangen werden kann, dass diese Verordnungen immer ordnungsgemäß eingehalten werden ist eine Möglichkeit der Datensicherung notwendig, um Datenverlust zu verhindern.

Die Software Baramundi stellt eine Lösung für eine Datensicherung bereit, allerdings kann diese nicht an die individuellen Bedürfnisse der Firma angepasst werden und ist mit einem Kostenaufwand von 15,00 € pro Client mit höheren Kosten verbunden als durch eine interne Lösung, welche vom Prüfling beschlossen wurde.

Es wurde eine schlichte Datensicherung mithilfe von zwei Batchskripten gewählt, da mit dieser Lösung eine direkte Einbindung in den gesamten Betriebssystemjob möglich ist und dies die kostengünstigere Methode ist.

Durch die Ausführung des ersten Batchskriptes, siehe Anhang A.7: Erstes Batchskript zur Datensicherung auf Seite V, werden sämtliche Daten der Partitionen C: und D:, welche bei allen Clients einheitlich formatiert sind, auf den Baramundi-Server in den Ordner „Datensicherung" gesichert.

Zusätzlich wird der Benutzername, der bei der Sicherung ermittelt wurde, in die Textdatei „BenutzerSpeicherung" und das zugehörige Datum in die Textdatei „DatumSpeicherung" geschrieben, um diese im Recovery der Daten nach der Betriebssysteminstallation wiederzuverwenden.

Nach Durchführung jedes Jobschrittes wird mithilfe des zweiten Batchskriptes, siehe Anhang A.8: Zweites Batchskript zur Datenrücksicherung auf Seite V, die vorherige Ordnerstruktur inklusive der Daten wiederhergestellt.

4.2 ERSTELLUNG EINES WINDOWS 10 BETRIEBSSYSTEMJOBS

4.2.1 ANLEGEN EINES BOOTIMAGES

Um ein Betriebssystem anzulegen ist Grundlegend die Erstellung eines Bootimages nötig. Hierfür wurde die von Microsoft bereitgestellte Software WADK[7] verwendet. Im Anhang A.9: Bootimage Einstellung auf Seite VI ist zu sehen, welche Einstellungen konfiguriert wurden. Eine 64-Bit Architektur wurde gewählt, weil in der Schiller Gruppe keine 32-Bit Architektur besteht. Auch ist bei den Clients der Bootmodus auf BIOS-Boot eingestellt, somit muss auch hier der passende Bootmodus für das Betriebssystem gewählt werden.

4.2.2 ERSTELLEN EINES WINDOWS 10 BETRIEBSSYSTEMS

Nach der Anlegung des Bootimages erfolgte die Erstellung des grundlegenden Betriebssystems. Hierfür wurde zuerst die Erstellung der Windows 10 Applikation vorgenommen. Die benötigten Quelldateien wurden zuvor auf dem DIP abgelegt, um die Verwendung dieser zu gewährleisten. Außerdem wurde auch die Lizenz direkt eingebunden, hierfür bietet Baramundi bereits eine Lizenzverwaltung für das neue OS. Wie im Anhang A.10: Betriebssystem Applikation auf Seite VI zu erkennen ist, wird außerdem eine XML Datei an die Applikation übergeben, welche als Antwortdatei während der Installation dient, um wichtige Informationen wie beispielsweise die Lizenzierung und die Einbindung des WIM Images ermöglicht.

4.2.3 INTEGRATION DER TREIBER

Damit eine automatische Treiberinstallation während der Installation des Betriebssystems möglich ist müssen die benötigten Treiber auf in das Betriebssystem integriert werden. Für Installationsrelevante Treiber wie beispielsweise den Ethernet Treiber und den USB-Treiber wurden wurde die direkte Einbindung in das WIM Image gewählt.

Hierfür wurden die Treiber in das Verzeichnis „C:\Treiber" gelegt, außerdem wurde der Ordner „C:\wim_mount" angelegt.

---

[7]WAIK für Windows 10, vgl. André Picker [2015, S.11]

Um einen Treiber in das WIM Image zu mounten muss dieses erst in das Verzeichnis „C:\wim_mount" geladen werden. Dies kann mit folgendem Kommandozeilenbefehl durchgeführt werden:

Dism /Mount-Wim /WimFile:C:\Program Files\Windows
AIK\Tools\PETools\amd64\winpe.wim /Index:1 /MountDir:C:\wim_mount

Anschließend wurden die Treiber mittels des Befehls

dism /image:C:\wim_mount /add-driver /driver:C:\Treiber /recurse

vom Verzeichnis „C:\Treiber" eingebunden. Um nun das WIM Image wieder zurückzumounten wurde

dism /unmount-Wim /MountDir:C:\wim_mount /commit

in die Kommandozeile eingegeben, dadurch wurde das WIM Image wieder geschlossen und Änderungen übernommen.

Zusätzlich wurden alle Gerätespezifischen Treiber für die drei Testgeräte in ein Hardwareprofil, welches im Abschnitt 4.2.5 (Anlegen eines Hardwareprofils) erläutert wird, eingepflegt. Hierfür wird für jedes Gerät jeder notwendige Treiber angelegt und der betroffenen Hardware, welche mittels des Hardwareprofils ermittelt wird, zugewiesen.

4.2.4 ANLEGEN EINES HARDWAREPROFILS

Um für jedes Gerät eine Treiberintegration und Parititionierung zu ermöglichen ist das Anlegen eines Hardwareprofils zwingend notwendig. Hierbei wird im Profil des Clients ein Hardwareprofil erstellt. Die Hardwareinventarisierung erfolgt durch einen separaten Job, der diese Informationen des Gerätes abfrägt und im Hardwareprofil hinterlegt. Somit können die zuvor erstellten Treiber der zugehörigen Hardwarekomponente zugewiesen werden. Die Partitionierung erfolgt mithilfe der Auswahl der Festplatte des Clients. In der Schiller Gruppe ist einheitlich eine Partitionierung durch zwei Partitionen festgesetzt, welche beide 50% der Festplattenkapazität besitzen sollen. Um dies vorzunehmen wird die Festplatte wie im Anhang A.11: Festplattenpartitionierung auf Seite vii zu sehen ist konfiguriert.

4.3 ERSTELLEN DER JOBS FÜR DIE SOFTWAREPAKETE

4.3.1 ERSTELLEN DER SOFTWARE-APPLIKATIONEN

Um Jobs auf dem Baramundi Server einzurichten ist es notwendig, zuvor die entsprechenden Applikationen auf dem anzulegen. Zusätzlich müssen die zugehörigen Quelldateien zunächst auf den DIP kopiert werden. Nur die dort befindlichen Quelldateien können verteilt werden.
Die Erstellung der Software Applikationen wurde durch zwei Methoden realisiert. Die erste Methode erfolgt mittels des Automation Studios[8], welches bei einer Installation des BMS mitinstalliert wird. Die zweite Methode wird mit dem Office-Anpassungstoo von Microsoft vorgenommen. Beide Varianten werden folgend anhand eines Beispiels beschrieben. Da jeder Software-Job mit einer der beiden Methoden erstellt wurde ist die Ausführung bis auf setupspezielle Einstellungen identisch.

SOFTWARE-AUTOMATISIERUNG MITTELS AUTOMATION STUDIO
Hierfür wird die zu automatisierende Software auf dem DIP abgelegt. Mögliche Dateiformate sind .exe, .cmd, .msi, .msp, .bds, .osd, oder .profile. Nachfolgend wird die Anwendung über das Automation Studio gestartet und durch den Aufzeichnungsmodus wird eine Aufzeichnung der Setupschritte für die Erstellung des Skriptes zur Automatisierung durchgeführt.
Folgend wird jeder einzelne Setupschritt, beinhaltend Anpassungen, erfasst und in das Skript geschrieben.

SOFTWARE-AUTOMATISIERUNG MITTELS OFFICE-ANPASSUNGSTOOL (OAT)
Hierfür wird im Beispiel von Microsoft Office 2016 die zu automatisierende Software ebenfalls auf dem DIP abgelegt. Dateiformate sind ebenfalls jene, die bei der vorherigen Methode angenommen wurden.
Mittels der Kommandozeile wird in das Verzeichnis, in dem das Setup liegt, navigiert und mit folgendem Befehl:

Setup.exe /admin

wird das OAT ausgeführt.
Im OAT wird eine neue Setupanpassungsdatei für Microsoft Office Standard 2016 (x64-bit) erstellt und in diesem werden alle vorzunehmenden Konfigurationen, wie zum Beispiel die Angabe einer Lizenz, siehe Anhang A.12: Lizenzangabe mit Office-Anpassungstool auf Seite viii, oder das Abwählen einzelner Features, siehe Anhang A.13 Featurewahl mit Office-Anpassungstool auf Seite viii, angepasst.
Die fertig konfigurierte Anpassungsdatei wird im Verzeichnis der Anwendung im Ordner „Updates" gespeichert.
Um im späteren Setup eine Verwendung der angepassten Version zu ermöglichen ist die Einbindung der Befehlszeile

/adminfile \\SchisNBMS01\DIP$\Apl\Microsoft Office\Microsoft Office 2016\Updates\MS Office 2016 OAT.MSP /config Standard.WW\config.xml

in die Office Applikation zwingend notwendig.

---

[8]Anwendung zur Deploy-Skript Erstellung, vgl. Baramundi Deploy Funktionen [S.11]

4.3.2 ZUSAMMENFÜHREN DER SOFTWARE-APPLIKATIONEN

Da eine Verteilung der Software auch speziell für einzelne Abteilungen möglich sein soll wurde die Verwendung von sogenannten Software-Bundles entschieden. Diese Funktion wird ebenfalls von dem Management System von Baramundi angeboten. Hierfür werden für die Testumgebung die Abteilungen Maschinenbau, Softwareentwicklung und Verwaltung, wie im Anhang A.13: Software-Bundles auf Seite ix zu sehen ist, erstellt. Mithilfe dieser Abteilungen können die Softwarepakete speziell den Clients, die sich in der jeweiligen Abteilungsgruppe befinden zugewiesen werden.

4.4 ERSTELLUNG EINES DEPLOY-SKRIPTS ZUR ANPASSUNG ALLGEMEINER KONFIGURATIONSEINSTELLUNGEN

Mithilfe des bereits erwähnten Tools Automation Studio von Baramundi wurde ein Deploy-Skript erstellt, welche nach Abschluss der Betriebssysteminstallation Sicherheitsrelevante Einstellungen vornimmt, welche von der Schiller Gruppe vorgegeben werden. Beispielsweise die Einstellung der Benutzerkontensteuerung, Remotedesktopeinstellungen, oder der Deaktivierung des Energiesparmodus.

4.5 ZUSAMMENFÜHRUNG DER VERSCHIEDENEN JOBSCHRITTE ZU EINEM GESAMT-JOB

Abschließend wurden sämtliche einzelnen SW-Jobs und BAT-Jobs zu einem Betriebssystemjob zusammengeführt, wie im Anhang A.14: Jobschritte Gesamt auf Seite ix. Somit ist eine Umstellung von Windows 7 auf Windows 10 mit nur einem Klick möglich und der User findet sein Gerät nach Schichtende am nächsten Morgen fertig installiert mit neuem Betriebssystem, aller benötigter Software und seinen Daten vor.

5. TESTPHASE

5.1 TESTDURCHLAUF

Um den Test an einem physischen Rechner durchzuführen wurden drei Testgeräte ebenfalls mit dem Betriebssystem Windows 7 Professional mit Standardkonfiguration installiert. Da eine Verbindung vom Testsystem ins produktive Netzwerk aus Sicherheitsgründen nicht besteht wurde hierfür dem Server des Testsystems eine zusätzliche Netzwerkkarte hinzugefügt, um die Verbindung zu den drei Testgeräten zu ermöglichen.
Nach einer Überprüfung der Erreichbarkeit der Clients wurde der Job des Betriebssystems zuerst auf dem Dell Testgerät und nachfolgend auf den beiden Siemensgeräten durchgeführt.

Die Datensicherung des zugehörigen Benutzers wurde durchgeführt und war auch auf dem angegebenen Ordner auf dem Baramundi Server zu finden. Weiter wurde das Gerät automatisch per PXE neugestartet und erhielt den OS-Job vom Server ermittelt, welcher gestartet und nach erstmaligem Fehldurchlauf aufgrund einer fehlerhaft eingebundenen Antwortdatei beim Zweitversuch erfolgreich durchlaufen wurde. Anschließend erfolgten die weiteren Jobs, welche noch fehlten. Der Job in der Baramundi Management Suite zeigte, wie im Anhang A.15: OS-Job erfolgreich auf Seite ix zu erkennen ist, den erfolgreichen Abschluss des Jobs an.

5.2 TEST DES SYSTEMS

Das Betriebssystem wurde nach der Installation auf Funktion, Performance und Richtigkeit überprüft. Die installierte Software wurde auf Funktionalität und Lizenzierung geprüft. Konfigurationseinstellungen wurden auf Richtigkeit überprüft. Die Verbindung des Clients wird mittels Ping-Befehl getestet. Auch ob eine Verbindung vom Client zu anderen Geräten im Netz besteht wurde geprüft. In der Baramundi Management Suite ist ebenfalls ersichtlich, ob der Client nun wieder erreichbar ist, siehe Anhang A.16 Clienterreichbarkeit auf Seite x. Ein grüner Punkt signalisiert die Erreichbarkeit eines Clients.

6. FAZIT

Zum Abschluss ziehe ich ein Fazit über das Gelernte und gebe einen Ausblick auf die Zukunft des Projektes und die Auswirkung für die Schiller Gruppe.

6.1 SOLL-/IST-VERGLEICH

Bei der rückblickenden Betrachtung des Projektes kann festgestellt werden, dass alle vorher gestellten Anforderungen des Auftraggebers erfüllt wurden. Der zu Beginn des Projektes im Abschnitt 2.1 (Projektphasen) erstellte Zeitplan konnte mit minimalen Abweichungen, welche aber trotzdem zur vorgegebenen Projektdauer geführt haben, eingehalten werden. Die entstandene Differenz bei den einzelnen Projektphasen kann der Tabelle 4: Soll-/Ist-Vergleich entnommen werden.

Nr.	Vorgang	Geplant	Benötigt	Differenz
1	Ist-/Soll-Analyse & Planung	3 h	3 h	
2	Umsetzung	16 h	17 h	+ 1 h
3	Testphase	8.5 h	7.5 h	- 1 h
4	Fazit	0.5 h	0.5 h	
5	Ausarbeitung der Projektdokumentation	7 h	7 h	
		Gesamt: 35 h	35 h	

Tabelle 4: Soll-/Ist-Vergleich

6.2 BEWERTUNG

Im Zuge des Projektes konnte ich viele Erfahrungen über die Arbeit an einem Projekt sammeln. Hierbei wurde deutlich, dass Planung und Analyse von großer Bedeutung sind, um ein Projekt gut zu durchlaufen. Durch das Projekt konnte ich außerdem auch fachliche Kompetenzen erwerben. So konnte ich viele Erkenntnisse zur Automatisierung eines kompletten Betriebssysteminstallationsvorganges erwerben. Beim Auftreten von Problemen oder mir unbekannten Situationen waren mir die Recherchemöglichkeiten im Internet stets eine Hilfe.

Eine besondere Hilfe waren stets auch die Kollegen der IT-Abteilung. Schwierigkeiten traten entgegen meiner Erwartungen kaum auf. Die Probleme, mit denen ich konfrontiert wurde, ließen sich durch gezielte Recherche schnell lösen und trugen insgesamt zum besseren Verständnis verschiedener Zusammenhänge bei.

6.3 AUSBLICK

Obwohl alle genannten Anforderungen vom Abschnitt 1.2 (Projektziel) erfüllt und umgesetzt werden konnten kann das Projekt in Zukunft dennoch um weitere Aspekte erweitert werden.

Beispielsweise könnte nicht nur eine Verwaltung der Clients, sondern auch eine Verwaltung der Daten umgesetzt werden. So ließe sich ein beliebiger Datenstand wiederherstellen, ohne dass ein zusätzliches Programm bzw. eine separate Sicherung notwendig wäre.

Außerdem könnte man den Betriebssystemjob nicht nur an Gruppen, sondern auch an einzelne Benutzer anpassen.

Zusätzlich wäre eine Einbindung der Windows Updates denkbar, dies erfolgt derzeit separat über den firmeninternen WSUS-Server

LITERATURVERZEICHNIS

SCHILLER GRUPPE 1985-2016
Schiller Gruppe: *Firmengeschichte 1985-2016.* http://www.schiller-gruppe.de/de/
schiller/automatisierungstechnik/unternehmen/firmengeschichte.html

SCHILLER GRUPPE 2016
Schiller Gruppe: *News 2016.* http://www.schiller-gruppe.de/de/schiller/
automatisierungstechnik/unternehmen/news-presse.html

FUJITSU TECHNOLOGY SOLUTIONS GMBH 2016
Fujitsu Technology Solutions GmbH: *Produktbeschreibung Celsius M740 2016.*
https://sp.ts.fujitsu.com/dmsp/Publications/public/ds-celsius-m740-de.pdf

SIEMENS AG 2015
Siemens AG: *Produktbeschreibung Field PG M4 2015.* https://c4b.gss.siemens.com/
resources/images/articles/e20001-a430-p230-v2.pdf

DELL INC.
Dell Inc.: *Produktbeschreibung Dell Precision M4600.* http://i.dell.com/sites/doccontent/
shared-content/data-sheets/de/Documents/Dell-Precision-M4600-Spec-Sheet_DE_HR.pdf

ANDRÉ PICKER 2015
André Picker: *Download: Windows ADK für Windows 10 verfügbar.*
https://www.clientmgmt.de/it/download-windows-adk-fuer-windows-10-verfuegbar/

BARMUNDI 2016
Baramundi: *Deploy Funktionen.* https://www.baramundi.de/produkte/deploy/funktionen/

ANHANG

A.1: Detaillierte Zeitplanung

Nr.	Vorgang	Geplant	Benötigt
1	Ist-/Soll-Analyse & Planung	3 h	3 h
2	Umsetzung	16 h	17 h
2.1	Erstellen des Windows 10 Jobs	5 h	5.5 h
2.2	Erstellen der Jobs für die Softwarepakete	6 h	6 h
2.3	Erstellung des Deploy-Skripts	3 h	3.5 h
2.4	Zusammenführung der Jobs	2 h	2 h
3	Testphase	8.5 h	7.5 h
3.1	Test der Jobs	2.5 h	2.5 h
3.2	Test des Systems	3 h	3 h
3.3	Überprüfen der Konfigurationseinstellungen	2 h	1 h
4	Fazit	0.5 h	0.5 h
5	Ausarbeitung der Projektdokumentation	7 h	7 h
	Gesamt:	35 h	35 h

A.2: Verwendete Ressourcen

Hardware
- Büroarbeitsplatz
- Server für Testumgebung

Software
- Windows 7 Enterprise mit Service Pack 1 – Betriebssystem
- Baramundi Management Suite – Automatisierungssoftware
- Windows Automated Installation Kit – Bootimage
- Windows Server 2012 R2 – Testumgebung Baramundi
- Microsoft Office – Programm zum Erstellen verschiedener Tabellen und der Projektdokumentation
- Standardsoftware – von der Firma festgelegt, beinhaltet CAD-Viewer, Trend Micro, Adobe Reader & Flash Player, Java, PDFCreator, WinRaR, Swyxlt, VNC, DWG Trueview
- Hyper-V – Verwaltung der Testumgebung Baramundi

Personal
- Auszubildender – Umsetzung des Projektes
- Systemadministrator – Unterstützung des Projektes

© **Nadine Loibl**   i

A.3: Datenblattauszug Siemens Fujitsu Celsius M740

[Aus urheberrechtlichen Gründen in dieser
Veröffentlichung nicht enthalten]

A.4: Datenblattauszug Siemens Field PG M4

[Aus urheberrechtlichen Gründen in dieser
Veröffentlichgung nicht enthalten]

A.5: Datenblattauszug Dell Precision M4600

[Aus urheberrechtlichen Gründen in dieser
Veröffentlichung nicht enthalten]

A.6: Gegenüberstellung Automatisierungssoftware

Kriterium	Baramundi	OPSI	OCS Inventory	ACMP	SCCM	Numera	ENTEO	Matrix42	WDS
Kostenlos	X	✓	✓	X	X	X	X	X	✓
Bereits im Betrieb eingesetzt	✓	X	X	X	X	X	X	X	X
Benötigte Hardware bereits vorhanden	✓	X	X	X	X	X	X	X	X
Administratoren bereits geschult	✓	X	X	X	X	X	X	X	X
Produktbezogener Support durch den Anbieter	✓	X	X	✓	✓	✓	✓	✓	✓
Flexible Lizenzierung falls nicht kostenlos	✓	-	-	✓	X	✓	X	X	-
OS-Installation möglich	✓	✓	X	✓	✓	X	X	X	✓
Mitarbeiter vertraut mit Software	✓	X	X	X	X	X	X	X	X
Übersicht über Zustand des Netzwerks	✓	✓	X	✓	✓	✓	X	✓	X
Installation des Management System auf aktuellem Windows Server möglich	✓	X	X	✓	✓	✓	✓	✓	✓
Unterstützung mehrerer Standorte	✓	✓	X	✓	X	X	X	X	X

A.7: Erstes Batchskript zur Datensicherung

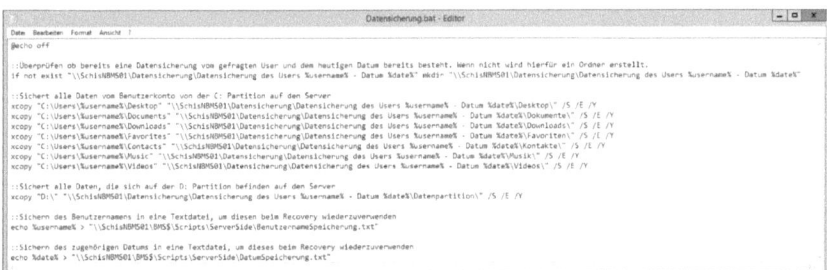

A.8: Zweites Batchskript zur Datenrücksicherung

A.9: Bootimage Einstellung

A.10: Betriebssystem Applikation

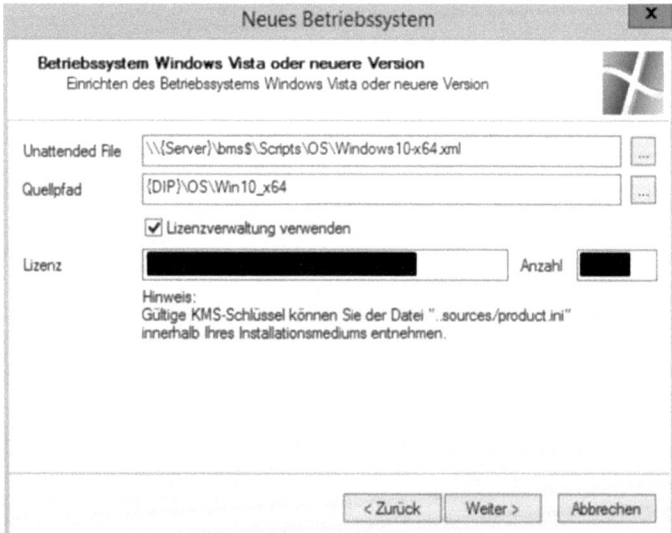

A.11: Festplattenparitionierung

A.12: Lizenzangabe im Office-Anpassungstool

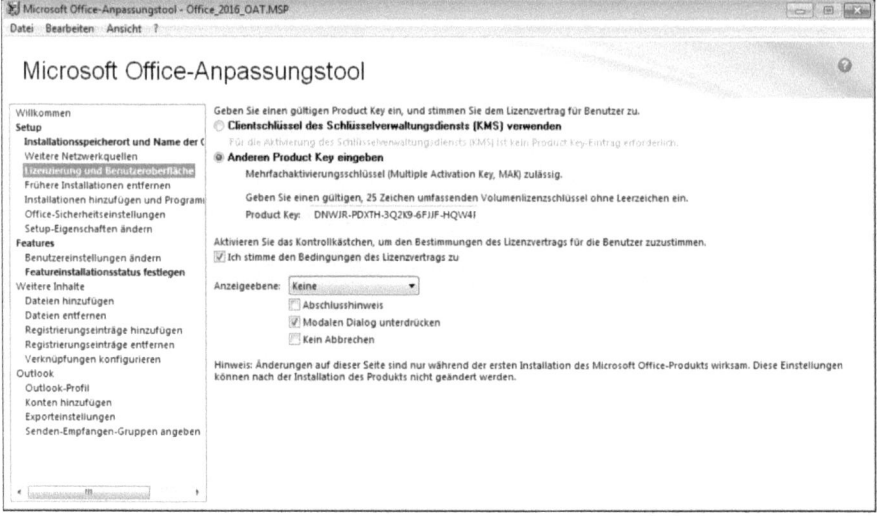

A.13: Software-Bundles

A.14: Featurewahl im Office-Anpassungstool

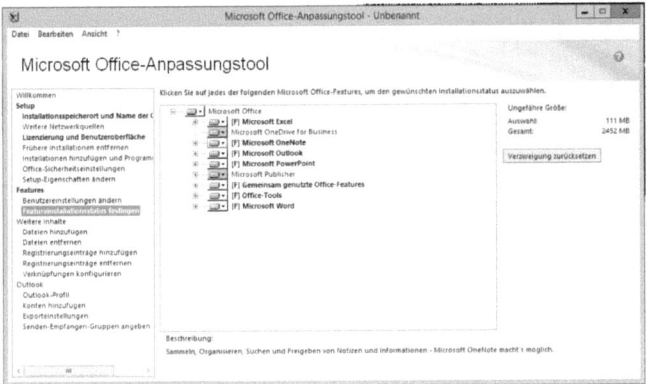

A.15: Jobschritte Gesamt

Schritte

1. Installiere Software: Schiller Gruppe Datensicherung Skript 1
2. Betriebssysteminstallation - Microsoft Win10 x64
3. Installiere Software: Standardsoftware
4. Installiere Software: Abteilungsspezifische Software
5. Installiere Software: Schiller Gruppe Datenrücksicherung Skript 1

A.16: OS-Job erfolgreich

A.17: Clienterreichbarkeit

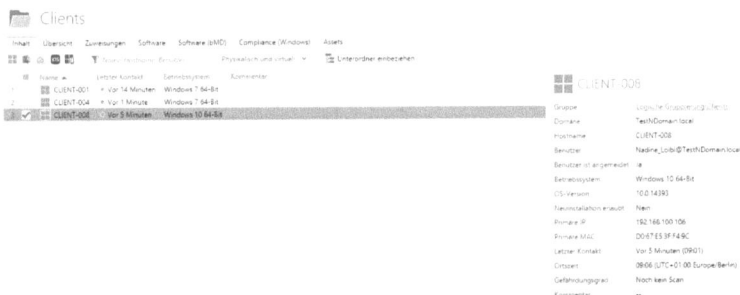